Ulrich Kulicke

AF200048

Sagenhafte Gestalten:
König Ödipus – Sisyphus – Prometheus

Berührende Schicksale,
neu erzählt in Gedichtform

illustriert von Viktoria Wagner

© 2019 Ulrich Kulicke:
Sagenhafte Gestalten: König Ödipus – Sisyphus – Prometheus

Berührende Schicksale, neu erzählt in Gedichtform
mit Illustrationen von Viktoria Wagner

Herstellung und Verlag: BoD – Books on Demand,
Norderstedt

ISBN: 978-3-7504-0074-0

Stade, im Oktober 2019

Inhaltsverzeichnis

König Ödipus

Prolog

Ödipus ist leider nur
eine tragische Figur,
den das Leben nicht erquickte,
vielmehr schicksalhaft verstrickte.
Sein persönliches Debakel
prophezeite das Orakel,
das von Delphi, denn das sah,
was dereinst dann auch geschah,
legte apodiktisch fest,
wie in einem Manifest,
Lebenslauf und Lebenswege,
Fügungen und Schicksalsschläge.
Und so nennt sich die Regie
,self-fulfilling prophecy'.
Leidvoll war sie vorgegeben,
war die Leitschnur für sein Leben.
Und so hatte trotz der Qual
Ödipus auch keine Wahl:
Fest gezurrt und fest getrimmt
tat er, was ihm vorbestimmt.
Freiheit sieht ganz anders aus,
folgert heute man daraus!
Darum lohnt sich anzusehen,
was dem Ödipus geschehen,
wie sein Leben einst verlief,
wie er nach den Göttern rief,
wie er Hilfe sich ersehnte,
sich verfluchte und sich schämte
und am Ende demutsvoll
alles hinnahm, ohne Groll,
sich ergab den Schicksalsmächten
tränenreich in dunklen Nächten

und so seinen Frieden fand:
einsam, fern, im fremden Land.

1.

Ödipus begann sein Leben
in dem Königreich von Theben,
und als Erstgeborner war
er der Sohn vom Königspaar.
König Laios war sein Vater
und Jokaste seine Mater –
beide wollten Eltern werden,
mühten sich um einen Erben,
doch sie durften erst nach Jahren
ihre Elternschaft erfahren.
Endlich hatten sie den Sohn,
einen Prinzen für den Thron,
hatten ihn, es sei erwähnt,
als ihr größtes Glück ersehnt.
Doch es dauerte nicht lange
und den Eltern wurde bange.
Denn die Kinderlosigkeit
quälte sie sehr lange Zeit.
Sie empfanden das als Makel,
suchten einstmals beim Orakel
Rat; das gab dann kurzerhand
seinen weisen Spruch bekannt,
sagte die Geburt voraus –
einen Sohn für's Königshaus – ,
aber gab auch düster an,
dass der Sohn dann irgendwann
seinen Vater ohne Not
töten würde. Ein Gebot,
das Gott Zeus erlassen hätte
oben in der Gottesstätte.
Dieser Spruch nun, einerlei,
legte sich auf sie wie Blei,

lähmte sie, und beide fluchten,
überlegten drauf und suchten
einen Ausweg allemal:
O, wie war sie groß, die Qual.
Und nach langem, hartem Ringen
galt's, das Kleinkind umzubringen,
um mit ihren eignen Händen
noch das Schicksal abzuwenden.
Schon erfolgte der Befehl
an den Hirten mit dem Ziel,
ihren Säugling auszusetzen,
ihn zudem noch zu verletzen
und die Fersen zu durchbohren –
so sei er gewiss verloren.
Dieses Schicksal war nun hart
und für's Kind kein guter Start!

2.

Und der Hirte ging nun fort
bis an einen fernen Ort,
hielt das Kind auf seinen Armen
und er spürte ein Erbarmen,
fühlte mit und fühlte Schmerz,
brachte es nicht übers Herz,
dieses Kind dem Tod zu weihen –
das könnt' er sich nicht verzeihen!
Und so litt er Not und Stress.
Doch der Zufall wollte es:
Während er durch Felder irrte,
kam ihm nah ein fremder Hirte.
Er bekniete ihn, erbat
seine Hilfe, seinen Rat.
Und so kam's und ganz geschwind
gab er ihm das kleine Kind,
machte sich dann mit Verlaub
eilends auf und aus dem Staub,
kehrte heim und trat dann hin
vor den Thron der Königin
und gab vor in seiner Not,
ja, das Kind, das sei nun tot!
Oh, sie litt, muss man schon sagen,
hob auch an, ihr Weh zu klagen,
und beruhigte ihr Gewissen
mehr als zynisch und gerissen,
denn dem Kleinen, da er fort,
sei erspart der Vatermord!
Doch der Kleine war am Leben,
hatte der Transfer ergeben,
und der Hirte trug geschwind
ihn zum König von Korinth,

seinem Herrn in diesem Land,
dem er dienend unterstand.
Und er reichte ihm den Knaben
als Geschenk, er dürft' ihn haben,
denn der König, so sein Los,
war noch immer kinderlos.
So kam König Polybos
nun zum Kind, was er genoss,
pflegte es, denn tiefe Wunden
hatte er bei ihm gefunden.
Und gefesselt mit dem Strick,
waren beide Füße dick.
Diese brachten ihn zum Schluss
auf den Namen Ödipus[1].
Und er machte ihn im Land
dann als seinen Sohn bekannt.
Ödipus war nun geborgen,
musste länger sich nicht sorgen,
wurde größer, wuchs heran,
reifte dann zum jungen Mann
und genoss bei allem Streben
nun am Hof sein Prinzenleben.

[1] Der Name ‚Ödipus' bedeutet Schwellfuß.

3.

Jahre sollten so vergehen,
doch dann gab es ein Geschehen,
das den Ödipus sehr stark
treffen sollte bis ins Mark.
Ausgangspunkt war eine Feier,
mit viel Wein, Gesang zur Leier,
Frohsinn herrschte in der Runde,
plötzlich dann, zu später Stunde,
tönte lauthals bei dem Feste
einer dieser vielen Gäste,
klagte an, neidvoll im Ton,
Ödipus sei nicht der Sohn
seiner Eltern, hätt' kein Recht
auf den Thron. Das Wortgefecht,
das dann folgte, war von Dauer,
kontrovers und wurde rauer.
Und so kam's: Am nächsten Morgen,
aufgewühlt, erfüllt von Sorgen,
trat er vor den Vater hin
und der Mutter Königin,
wollte seinen Status klären,
so umschrieb er sein Begehren.
Doch die Eltern sagten klar,
dieser Vorwurf sei nicht wahr
und er sollt' sich mehr empören
als auf diesen Unsinn hören.
Ödipus könnt' auf sie bauen,
könnte ihnen auch vertrauen
und beschworen ihn dann schon:
Er sei ihr geliebter Sohn!
Ödipus stand da in Tränen,
war verzagt, muss man erwähnen,

denn er fühlte tief im Herzen
unerklärlich große Schmerzen
und der Zweifel war geboren,
ratlos war er, wie verloren,
dachte nach und wollte klären,
wer denn seine Eltern wären.
Zeugnis einer Wahrheitsquelle
suchte er nun auf der Stelle,
forschte fortan immerzu
und kam dabei nicht zur Ruh.

4.

Schließlich fasste Ödipus
eines Tages den Entschluss,
sich Gewissheit zu verschaffen
und sich heimlich aufzuraffen.
Er nahm Hut und Wanderstab,
brach früh auf, und er begab
sich nach Delphi, suchte dort
das Orakel auf sofort,
um sein Schicksal zu erfragen:
Möge es ihm Wahrheit sagen!
Das Orakel sah ihn an,
zog ihn ganz in seinen Bann,
blickte auf ihn interessiert,
war zudem hochkonzentriert
und sprach aus, indem es nannte,
was es hellsichtig erkannte.
„Ödipus", so sprach es nun,
„du wirst wirklich Schlimmes tun,
wirst zum Königsmörder bald,
bringst den Vater um eiskalt!
Für die Mutter wirst du dann
kurz darauf zum Ehemann.
Doch die Kinder, die ihr zeugt,
tragen ihren Kopf gebeugt,
sind verachtet. Diesen Makel
tragen sie!", so das Orakel.
Dieser Spruch in seiner Art
war nun wahrlich knüppelhart,
machte Ödipus betroffen –
worauf sollte er noch hoffen?
Ausweglos erschien sein Leben,
Angst erfüllte ihn daneben,

denn er wollte hier auf Erden
nicht zum Vatermörder werden!
Und so zog er sich zurück,
schwinden sah er all sein Glück!
Seine Heimat gab er auf,
den Verlust nahm er in Kauf,
wollte fern vom Vater leben,
in die weite Ferne streben,
denn für seine Eltern war
er von tödlicher Gefahr.

5.

Den Orakelspruch im Ohr
schützte er sich selbst davor,
seinen Vater zu ermorden,
ging von Delphi aus nach Norden,
mied von diesem Augenblick
seinen Weg zum Hof zurück,
hoffte, dass er in der Fremde
eine neue Heimat fände.
Während er mit Wanderstab
sich auf seinen Weg begab,
traf er plötzlich in der Enge
eines Weges auf Gedränge.
Ihm entgegen kam ein Wagen
ungestüm, muss man schon sagen,
rücksichtslos rasant daher,
auszuweichen fiel ihm schwer.
Er empörte sich und schrie,
stoppte ihn dann irgendwie,
nahm den Wanderstab. Im Nu
schlug er damit kräftig zu.
Und so kam's, eh man's gedacht
hatte er den Kampf entfacht,
kämpfte wütend, unbedacht
gegen eine Übermacht.
Denn mit Fäusten und mit Schlägen
standen Diener ihm entgegen
und ein Alter voller Zorn
blies hinein ins Kampfeshorn,
nahm den Stock, schlug ins Getümmel,
um zu treffen diesen Lümmel,
der den Weg so brüsk versperrte
und die Weiterfahrt verwehrte.

Doch der Ödipus mit Kraft
kämpfte wahrlich heldenhaft,
wie entfesselt, voller Wut,
wild entschlossen und mit Mut.
Und er tötete verwegen
sie mit seinen harten Schlägen.
Erst die Diener und sodann
auch den Greis, den alten Mann.
Nur ein Diener konnte fliehen,
sich zuletzt dem Kampf entziehen,
konnte sich nach Hause stehlen
und von diesem Kampf erzählen,
musste dann vor allen Dingen
eine Nachricht überbringen.
Sie zu sagen, fiel ihm schwer,
denn es starb nicht irgendwer:
König Laios war's! Im Lande
galt sein Tod als eine Schande.
Wehmut herrschte überall
über diesen Trauerfall,
und sein Mörder war im Land
leider völlig unbekannt.
Doch nun trat hervor mit Klarheit:
Das Orakel sprach die Wahrheit!
Und es würde nicht verschonen
alle handelnden Personen.
Denn das Schicksal ganz zum Schluss
traf besonders Ödipus.

6.

Die Ereignisse im Nu
spitzten sich nun weiter zu,
fokussierten sich aufs Leben
in dem Königreich, in Theben.
Und es herrschte Trauer dort
nach dem schlimmen Königsmord.
Schlimmer noch war allerdings
und gefährlicher die Sphinx,
die da kam mit einem Mal.
Grausam war sie und brutal,
nahm mit ungeheurer Kraft
diese ganze Stadt in Haft,
trieb dabei ein böses Spiel,
und das kannte nur ein Ziel:
Menschen töten, Menschen fressen,
darauf war sie ganz versessen.
Nah dem Felsen vor der Stadt
fand das Spielchen immer statt.
Denn dort draußen vor dem Tor
legte sie ein Rätsel vor,
stellte listig ihre Fragen,
ließ sich dann die Antwort sagen.
Und war diese falsch, gab's bloß
hinterrücks den Todesstoß.
So geschah es stets und ständig,
niemand blieb dabei lebendig,
denn die Rätsel waren sehr
anspruchsvoll und äußerst schwer!
Richtigantwort war vonnöten,
um die Bestie zu töten!
Nur auf diese Weise fände
dieser Terror schnell ein Ende.

Darum wurde bald im Land
öffentlich weithin bekannt:
Wem es mit Verstand gelänge,
dass er diese Sphinx bezwänge,
der erhielte gleich als Lohn
nicht nur den vakanten Thron,
sondern nähme dann mit hin
Laios' Frau als Königin.
Davon hörte Ödipus,
fasste darauf den Entschluss,
aufzubrechen hin nach Theben,
möglichst zügig hinzustreben
und sich dort in allen Fällen
Fragen dieser Sphinx zu stellen.
Was schon war daran verkehrt?
War sein Leben nicht entehrt?
Denn der Spruch von dem Orakel
klebte an ihm wie ein Makel.
Konnte er vielleicht gewinnen
und dem Schicksal doch entrinnen?

7.

Und so wollte sich begeben
Ödipus alsbald nach Theben,
und es sollt' nicht lange dauern,
schon stand er vor ihren Mauern,
trat vors Stadttor, hielt dann dort
Ausschau nach dem Schreckensort,
sah nach rechts, darauf nach links
und erschrak – sah dort die Sphinx,
wie sie auf dem Felsen hockte,
sich die Rätsellöser lockte
und sich über ihre Beute
immer wieder schamlos freute.
Ödipus, mit ruhigem Blut,
trat nun vor und fasste Mut,
um die Sphinx vor allen Dingen
mit dem Rätsel zu bezwingen.
Und so kam's und kurz darauf
gab sie ihm das Rätsel auf:
„Wer ist es?", so ihre Frage,
„morgens vierfüßig. Am Tage
mit zwei Füßen. Und am Abend
auf drei Füßen langsam trabend.
Dies Geschöpf wechselt alleine
so die Anzahl seiner Beine!"
Ödipus war konzentriert,
dachte nach, war engagiert,
und schon in Sekundenschnelle
kam die Lösung auf der Stelle,
die im Kern vom Menschen handelt,
wie er durch das Leben wandelt:
Anfangs krabbelnd, dann frei stehend,
auf zwei Beinen sicher gehend,

und im Alter dann gestützt
auf den Stock, der hilfreich nützt.
Als die Sphinx die Lösung hörte,
fauchte sie vor Wut und röhrte,
schlug verkrampft mit ihren Flügeln,
konnte sie darauf nicht zügeln,
stürzte so in ihrer Not
dann vom Felsen in den Tod.
Kurz danach erschallte Jubel
und in Theben herrschte Trubel,
denn die Stadt war nun befreit,
außerdem dazu bereit,
Ödipus als ihren Helden
bei der Königin zu melden.
Und die pries ihn an sofort,
stand zudem zu ihrem Wort,
ihn nun auf den Thron zu setzen,
künftig ihn als Mann zu schätzen,
und sie reichte ihm die Hand
für die Ehe. Und das Land
feierte dies ausgelassen.
Freudetrunken war'n die Massen,
und am meisten war gerührt
Ödipus, vom Glück verführt,
denn er hatte über Nacht
Unglaubliches da vollbracht –
ja, sein Schicksal schien gewendet
so, als ob es glücklich endet.

8.

Da erlebte voll und ganz
Ödipus des Hofes Glanz.
Und zum König nun ernannt,
wurde er verehrt im Land,
war als Herrscher unumstritten,
regelte die Landessitten,
handelte in seinem Kreise
tolerant, gerecht und weise.
Auch die Ehe mit Jokaste
war für ihn ein Glück, das passte.
Dabei war ihm gar nicht klar,
dass sie seine Mutter war.
Doch sie liebten sich. Und schon
kam alsbald ein Kind, ein Sohn.
Und es folgte noch ein zweiter,
mit zwei Töchtern ging es weiter:
Ödipus, voll Leidenschaft,
zeigte seine Manneskraft
und genoss den Augenblick,
war erfüllt von seinem Glück.
Und so waren ungelogen
ihm die Götter wohl gewogen,
hatten offenbar entschieden
für ihn eine Zeit im Frieden.
Doch die Zeit, so war's schon immer,
wandelt sich. Sie wurde schlimmer!
Und es zog ein Sturm herauf,
änderte den Lebenslauf
und erschien in der Gestalt
einer Pest im Land schon bald.
Und sie brachte große Not,
überall nichts als den Tod,

raffte blindlings ohne Sinn
viele Menschen grausam hin.
Die Thebaner suchten Rat,
flehten nach der Rettungstat,
und sie kamen zu dem Schluss:
Helfen könne Ödipus!
Er allein sei ohne Frage
als ihr König in der Lage,
diese Seuche zu besiegen,
sie erfolgreich zu bekriegen,
denn schon einmal hätte er
sie errettet – lang war's her –
und die Sphinx einstmals geschlagen,
sie befreit von allen Plagen.
Groß war deshalb das Vertrauen,
um auf Ödipus zu bauen.
Denn er war im ganzen Land
als ihr König anerkannt.

9.

Ödipus vernahm sehr schnell
diesen Dringlichkeitsappell,
mehr ein Flehen, das besagt:
Seine Hilfe war gefragt!
Und mit seiner Geistesstärke
ging er forschend rasch zu Werke,
sandte schließlich seinen Schwager
zum Orakel hin als Frager,
und der sollt' in Delphi klären,
was die tief'ren Gründe wären
für die Pest und ihr Verderben,
für das grauenvolle Sterben.
Und der Schwager überbrachte
das, was das Orakel dachte,
und gab allgemein bekannt:
Schuldig sei das ganze Land!
Denn seit vielen Jahren sei
König Laios' Mörder frei,
sei im Lande noch versteckt,
werde heimlich auch gedeckt.
Und so sei das Land verflucht,
wenn es nicht den Mörder sucht!
Denn die Tat sei nicht verjährt,
wie's Orakel nun erklärt.
Ödipus ließ drauf verkünden,
Laios' Mörder schnell zu finden,
war erfüllt von Ungeduld,
sprach fortan von großer Schuld,
denn der Mörder – unerkannt –
lebte frei in seinem Land.
Und so war er in Erregung,
brachte alles in Bewegung,

aufzuklären diesen Mord,
setzte die Recherche fort –
dabei war ihm gar nicht klar,
dass er selbst der Mörder war,
weil der Greis, den er erschlug,
damals keine Krone trug,
und der reiste sowieso
gut getarnt incognito.
Somit kamen nun zusammen
Umstände, die ihn verdammen.
Im Dilemma steckte er,
und für Ödipus wurd's schwer.

10.

Ödipus, der noch nichts ahnte,
dem nicht das Geringste schwante,
dass die Suche ihn berührte,
ihn am Ende überführte,
ihn in seiner Sicht berichtigt
und des Königsmords bezichtigt,
suchte weiter unterdessen
konsequent und wie besessen.
Boten schickte er, zu finden
diesen Seher, diesen blinden,
der sich Teiresias nannte,
der Verborgenes erkannte
und der von des Mörders Spur
vielleicht irgendwas erfuhr.
Teiresias sollte kommen,
wurde öffentlich vernommen,
doch er schwieg vorm Publikum,
blieb am Anfang einfach stumm,
bis er dann beschwörend sagte,
dass er nichts zu sagen wagte.
Denn entsetzlich sei sein Wissen,
für ihn gar kein Ruhekissen,
und er streckte seine Hände
gegen Ödipus am Ende,
wies ihn ab und sein Begehren,
um es schließlich abzuwehren.
Ödipus erzürnte dies,
fand die Antwort einfach mies,
setzte Teiresias zu,
provozierte ihn im Nu
und warf ihm dann vor geschickt,
er sei selber wohl verstrickt

in den Mordfall. Dies empörte
Teiresias, als er's hörte,
und vom Vorwurf tief getroffen,
sprach er nun erregt und offen,
klagte augenblicklich an
Ödipus als jenen Mann,
der die Schuld alleine hätte,
weil er einst an ferner Stätte
König Laios bös' erschlug,
fern der Heimat dort begrub
und sich ohne jede Scham
dann die Königswitwe nahm:
Ihr die Ehe zu versprechen
sei ein weiteres Verbrechen;
seine Mutter sei sie schon
und er selbst ihr eig'ner Sohn!
Darum nähm' der Götterzorn
nun das ganze Land aufs Korn,
denn begangen sei im Lande
wohl die allergrößte Schande.

11.

Dieser Vorwurf wog nun schwer,
führte prompt zur Gegenwehr:
Teiresias sei ja blind!,
sagte Ödipus geschwind,
sei ein Gaukler, Wortverdreher,
Lügner und ein falscher Seher
und vertrieb in Schimpf und Schande
ihn sogleich aus seinem Lande.
Und Jokaste gab ihm recht,
ach, die Seher seien schlecht,
sagte sie, gab zu bedenken,
ihnen kein Vertrau'n zu schenken.
Und auch der Orakelspruch
sei kaum mehr als ein Betrug.
Irren würde der total,
ihr verschaffte er nur Qual.
Denn zur Zeit, als Laios lebte,
er sich einen Sohn erstrebte,
hätte das Orakel dann
kühn behauptet, irgendwann
würde dieser Sohn es wagen,
seinen Vater zu erschlagen.
Doch ihr Mann starb, wie bekannt,
fern von hier durch Räuberhand.
Und ihr Sohn war ausgesetzt,
an den Fersen schwer verletzt,
von dem Hirten fortgetragen,
so viel konnte sie nun sagen
und erlitt als Kleinkind nur
früh den Tod in der Natur.
Deshalb könnt' er, so gesehen,
nicht den Vatermord begehen.

Dies sprach sie, die Königin
voller Hohn und so leichthin.
Doch es dauerte nicht lange
und dem König wurde bange.
Er war gar zutiefst verstört
über das, was er gehört,
und er bohrte nach mit Fragen
insistierend: Sie soll sagen,
wo man denn im fernen Land
Laios Leiche damals fand,
fragte ahnend dann alsbald
nach dem Ausseh'n der Gestalt –
und verstummte. Denn er sah
deutlich, was da einst geschah,
fasste sich an seinen Schopf,
schüttelt' ungläubig den Kopf,
in der Seele schwer verletzt,
über sich zutiefst entsetzt
und sah plötzlich ziemlich klar,
dass er Laios' Mörder war.
Doch es blieben Fragen offen:
Konnte er vielleicht noch hoffen,
dass er in Gedanken irrte
und sich selber nur verwirrte?

12.

Vollends Aufschluss wollte er,
fiele ihm das noch so schwer,
wollte nun akribisch sehen
alles, was dereinst geschehen.
Auch wenn er den Weg so wählte,
dass er sich dabei selbst quälte –
für ihn galt: Seit dieser Stund'
wollt' er schau'n bis auf den Grund.
Alles sollte jetzt ans Licht!
Und so zögerte er nicht,
jenen Hirten aufzuspüren
und als Zeugen vorzuführen,
der das Kleinkind sich einst nahm,
der es trug auf seinem Arm
und dies Kind dann, das verletzte,
herzlos in die Wildnis setzte.
War das Kleinkind wirklich tot,
fragte er in seiner Not,
und er hoffte es, denn dann
wäre überhaupt nichts dran
am Orakelspruch. Der wär'
falsch und nicht mehr schicksalsschwer!
Noch bevor der Hirte kam
und als Zeuge Stellung nahm,
trat ein Bote auf geschwind
aus dem Königreich Korinth,
sprach dann in des Hofes Mauern,
die Korinther würden trauern.
Polybos, der hochbetagte,
sei gestorben, wie er sagte.
Möge Ödipus als Sohn
nun besteigen seinen Thron.

„Siehst du", sagte da Jokaste,
der die Todesnachricht passte,
„wie sich das Orakel irrt,
dich mit seinem Spruch verwirrt.
Polybos ist hingeschieden,
fand im Bett den letzten Frieden.
Damit gilt für dich sofort:
Du begingst kein'n Vatermord!"
Doch der Zweifel blieb zurück,
herrschte vor im Augenblick,
ließ den Ödipus nicht los,
denn die Angst in ihm war groß,
dass sein Schicksal traurig endet,
dass kein Gott ihm Hilfe sendet,
denn sein Leben sei verrucht,
vom Orakelspruch verflucht.
Konsequent auf seine Weise
suchte er für sich Beweise.
Öffnen wollte er die Türen,
die ihn zu der Wahrheit führen.

13.

Und der Wahrheit auf die Spur
kam er überraschend nur
durch den Boten aus Korinth,
der ihn einst als Findelkind
in den Arm gedrückt bekam,
ihn mit Wunden übernahm
und ihm half zu überleben –
nicht nur das, ihn auch zu geben
an den Hof von Polybos,
was er still für sich beschloss.
Denn der König von Korinth
wünschte sich so sehr ein Kind,
und der war zutiefst beglückt,
außer sich und schier entzückt
über dieses Menschenbündel,
machte es zu seinem Mündel
und benannte ihn dann schon
auch zum Nachfolger am Thron.
Diese Nachricht, vorgelockt,
hatte Ödipus geschockt.
Zweifelte nicht früher schon
er an seinem Stand als Sohn?
War so hin- und hergerissen,
wollte seine Herkunft wissen...
Doch es blieb nur außer Munkeln
alles über ihn im Dunkeln.
Nun kam alles an den Tag,
weil dem Boten an Wahrheit lag,
sich durch ihn erklären ließen
seine Narben an den Füßen!
Damit fehlte Ödipus
nur der Hirte noch zum Schluss.

Dieser kam und sollte sprechen,
sollte auch sein Schweigen brechen.
Doch er war zunächst verstockt,
wortkarg, still und wie verbockt,
bis sich Ödipus erzürnte,
ihn mit Drohungen bestürmte,
attackierte, in ihn drang,
ihn damit zur Wahrheit zwang.
So ergab sich nun im Nu:
Alles gab der Hirte zu.
Arg bedrängt im Königshaus,
plauderte er alles aus,
schilderte, wie er das Kind
jenem Boten aus Korinth
gab und in die Arme legte,
auf dass dieser es gut pflegte.
Und er war auch einst dabei
bei der wüsten Keilerei,
bei der Laios in dem Wagen
seinen Tod fand, dumpf erschlagen.
Er als Diener konnte fliehen,
sich dem Kampfe so entziehen.
Ödipus, der war der Täter,
das bezeugte er dann später
und er sprach es aus, das Wort,
sprach brutal vom Vatermord.
Und als Sohn wurd' er sodann
später auch der Ehemann
seiner Mutter. Überall
gelte das als Sündenfall,
so der Hirte. Schnell im Land
wurde dies weithin bekannt.
Doch für Ödipus im Nu
zog sich so die Schlinge zu,

nahm sein Schicksal kurz darauf
einen tragischen Verlauf.

14.

König Ödipus stand da
wie betäubt, dem Wahnsinn nah,
war nun wahrlich schwer getroffen.
Worauf sollte er noch hoffen?
Er war aufgelöst, verwirrt,
war durch den Palast geirrt,
suchte rasend, wie von Sinnen
die verruchte Mutter drinnen,
die einstmals so grausam war
kurz, nachdem sie ihn gebar,
ihn dem Tode hinzugeben.
Ja, verwirkt war nun ihr Leben!
Sterben müsste sie sofort
hier an dem verfluchten Ort.
Mit dem Schwert ging er allein
ins Gemach der Frau hinein,
rief nach ihr mit aller Kraft –
doch was sah er? Grauenhaft
hatte sie sich im Genick
aufgehängt mit einem Strick.
Er erstarrte, nahm sie dann
von dem Strick ab irgendwann,
hielt sie noch in seinen Armen,
Tränen flossen zum Erbarmen
hemmungslos. Nichts hatte er
nun in seinem Leben mehr,
war vom Schicksal schwer versehrt,
nichts mehr war sein Leben wert.
Von Verzweiflung so gefangen,
griff er sich zwei gold'ne Spangen
und stach sich die Augen aus –
welch ein Schrei ging da durchs Haus!

O, wie hatte er gestöhnt
und geweint blutüberströmt,
hatte sich nun selbst geblendet,
dass sein Leben grausam endet,
ließ sich führ'n zum Königstor
und erhob sich dann davor:
Ja, sein Volk, das sollt' ihn sehen,
denn verflucht sei sein Vergehen
und ein Scheusal, das sei er,
Fluch des Himmels, und nicht mehr!

15.

Wenig später schon geschah
und das Volk kam ihm ganz nah.
Ehrfurchtsvoll trat es heran,
zeigte Mitleid mit dem Mann,
den das Schicksal so schwer schlug,
das er ohne Schuld ertrug.
Ödipus stand da mit Scheu,
so viel Mitleid war ihm neu,
denn ihm, der sich selbst geblendet,
wurde sanfter Trost gespendet.
Zuspruch kam vom ganzen Land
und gewann die Oberhand,
brach sich Bahn in den Geschöpfen,
im Gefühl und in den Köpfen
dieser Menschen. Sie vergaben
ihm, der so mit Schuld beladen
und vom Götterspruch gefällt,
sichtbar litt in dieser Welt.
Und so wurd' dem schwer verletzten,
einstmals überaus geschätzten
König Ödipus verziehen,
und er musste auch nicht fliehen,
sondern wurde nun gepflegt,
mit viel Mitgefühl umhegt.
Für die Kinder wollt' man sorgen,
dachte so für ihn an morgen,
und auch später sollt' ein Sohn
ihm mal folgen auf den Thron.
Und so kam's, bei aller Wehmut
wuchs in Ödipus die Demut,
und er hatte mit der Zeit
Sehnsucht nach der Einsamkeit,

wollte sich zum Schluss ermannen,
sich in die Natur verbannen,
wollt' als blinder Bettler gehen,
ausgeliefert dem Geschehen

und dann fern und ohne Erben
in der Wildnis einsam sterben.
Eines Tages trat er vor,
ging hinaus durch Thebens Tor,
und sein Weg führt' in die Fremde
in sein einsam-blindes Ende.

Epilog

Sigmund Freud las ohne Frage
einst im Leben diese Sage,
war gefesselt, fasziniert
und hochgradig interessiert
an dem Stoff, fand ihn komplex,
kombinierte ihn mit Sex,
konstruierte als Genie
daraus seine Theorie
von dem Kind, das unbeschwert
seine Mutter schon begehrt
und den Vater vehement
nur erkennt als Konkurrent:
Unbewusst mit seinen Trieben
will der Sohn die Mutter lieben.
Vorbestimmt und schicksalhaft
wirke in ihm eine Kraft
früher Männlichkeit als Sex
und heißt Ödipus-Komplex.
Wer das Wort kennt, denkt erneut
an den Psychologen Freud.
Denn der unterstellt der Sage
seine ödipale Frage.
Nur ein Hinweis hier am Schluss
für den „König Ödipus"!

Sisyphus

Prolog

Sisyphus ist in der Welt
gut bekannt als Anti-Held.
Denn man sieht ihn, wie er redlich,
letztlich aber doch vergeblich
einen großen Fels mit Kraft,
angestrengt, mit Leidenschaft,
vorwärts rollt und steil bergauf -
doch, so will's der Schicksalslauf,
noch vorm Ziel, da scheitert er,
denn der Fels ist ihm zu schwer,
und der rollt so jedes Mal
polternd laut zurück ins Tal.
Daher kommt es: Voller Zorn
startet Sisyphus von vorn,
rollt erneut den Stein hinauf,
nähert sich dem Ziel darauf...
Doch - so will's der böse Trick -
naht auch schon der Augenblick,
sind zu groß die Widrigkeiten
und der Fels wird ihm entgleiten,
rollt an ihm vorbei ins Tal
und verlängert seine Qual.
Sisyphus kann so mit Händen
seine Arbeit nie beenden,
sich nur mühen unverdrossen –
denn so war es einst beschlossen
von dem Gott der Unterwelt,
der dies harte Urteil fällt
und verkündet! Denn es klagen

viele Götter sozusagen,
die der Sisyphus mit Mut
schamlos reizte bis aufs Blut.
Strafe folgt so auf dem Fuße,
Sisyphus tut somit Buße
für sein dreist verweg'nes Leben,
für sein listig freches Streben,
für sein Auf-der-Nase-Tanzen
auf den göttlichen Instanzen.
Übermut kommt vor dem Fall,
gilt noch heute überall.
Darum lohnt es, hinzusehen
auf all das, was einst geschehen,
was der Sisyphus gemacht,
wie er sich ins Fäustchen lacht,
wie er seine Lebensfrist
maßlos dehnt mit Hinterlist
und er gar die ganze Welt
geradezu zum Narren hält.
Wahrlich, wahrlich, seine Possen
hat er unglaublich genossen,
bringen ihm jedoch zum Schluss
diesen bitteren Verdruss,
nur das eine noch zu wollen,
stets den Stein bergauf zu rollen -
ein Prozess, der niemals endet
und sich nicht zum Guten wendet:
Leiden muss im Totenreiche
Sisyphus für seine Streiche!

1.

Sisyphus war einst ein Spross
von dem König Aiolos,
war behütet und beschützt,
tat all das, was einem nützt,
bildete sich kurzerhand
und vor allem den Verstand.
Denn er wusste: List und Tücke
tragen bei zu seinem Glücke!
Scharfsinn sei zudem nicht schlecht,
helfe auch beim Wortgefecht,
überrumpelt Widersacher,
macht sie kreuzlahm beim Geschacher.
Ja, gedankenschnell, mit Witz,
hatte er manch' Geistesblitz,
war streitlustig und verwegen
und den andern überlegen,
war kein Kind von Traurigkeit,
jederzeit zum Spaß bereit.
Neben seiner Geisteskraft
wuchs auch seine Leidenschaft,
seinen Körper zu trainieren,
ihn mit Muskelkraft zu zieren:
Weithin wurde er bekannt
als der stärkste Mann im Land,
galt bereits in jungen Jahren
stärker, als zwei Bullen waren,
überwand so manche Hürde
und – errang die Königswürde!
Denn er wurde, fast noch Kind,
früh der König von Korinth:
eine Kleinstadt, die er gründet
und als Königreich verkündet.

2.

Und so kam's: In seinem Kreise
herrschte Sisyphus sehr weise,
und gewann alsbald Vertrauen,
auf ihn konnte jeder bauen,
und die Menschen folgten gern,
priesen ihn als ihren Herrn –
kurzum, seine Herrschaft schien
anerkannt und legitim.
Auch als Mann war er begehrt,
von den Damen sehr verehrt
und begegnete schon bald
einer Frau, zart an Gestalt.
Diese war bezaubernd schön,
konnte ihm den Kopf verdrehn
und so wurde sie sogleich
Königin in seinem Reich,
hieß Merope, und sie war
nun sein Traum. Als Königspaar
liebten sie die Zweisamkeit,
hatten füreinander Zeit,
und so kam nach einem Jahr
schon ein Sohn, den sie gebar.
Freude herrschte überall,
Glück war das in jedem Fall,
und so wurde bald geraunt,
Zeus, der Gott, sei gut gelaunt,
und bei weit'ren Opfergaben
wär' von ihm noch mehr zu haben:
Gute Ernten, langer Frieden
seien allen dann beschieden.
Doch kam bald, mehr als geschwind,
großer Ärger nach Korinth

und erbrachte nun Verdruss
für den König Sisyphus.
Denn bedrohlich und verzwickt
kam es für ihn zum Konflikt
mit Gott Zeus, den er verriet –
was nicht ohne Folgen blieb.

3.

Der Gott Zeus, wie man ihn kennt,
galt gemeinhin als potent
und für seine Seelenkur
ging er gern auf Liebestour,
schwärmte inbrünstig und echt
für das weibliche Geschlecht.
An den schönen jungen Frauen
konnte er sich sehr erbauen.
Doch bei seiner Liebeswahl
handelte er oft brutal.
Egoistisch, eigenmächtig
griff er nach der Liebsten heftig.
Denn dank seiner Gotteskraft
hatte er es stets geschafft,
an die Schöne zu gelangen,
nahm sie skrupellos gefangen,
und er brachte sie dann weg
fort in sein Geheimversteck,
um sie zärtlich zu umgarnen
und das Liebesspiel zu tarnen.
Eines Tages war es dann
und Gott Zeus stand ganz im Bann
der Aigina, einer Tochter
von dem Flussgott, ja, die mocht er,
war von ihr verzückt, berührt
und hat sie sogleich entführt.
Als Versteck, so wählte er,
eine Insel weit im Meer.
Die enthob ihn aller Sorgen,
denn Aigina war geborgen
im Geheimen. Zeus war frei
für sein Spiel der Liebelei.
Und das wollte er genießen,

niemand sollte ihn verdrießen,
denn Gott Zeus, der liebestolle,
fand sich gut in dieser Rolle,
und sein Liebesspiel mit Schwung
hielt den Göttervater jung!

4.

Dass Aigina unerkannt
spurlos aus dem Land verschwand,
kam alsbald, schnell wie der Wind,
auch als Nachricht nach Korinth.
Denn der Flussgott klagte laut,
hatte nach ihr ausgeschaut,

war als Vater tief bewegt,
war verzweifelt, sehr erregt,
und in seiner Not zum Schluss
ging er hin zu Sisyphus.
Denn so schlau und so gerissen
wie der war, konnt' der was wissen.
Dieser handelte spontan,
suchte gründlich und mit Plan.
Doch bei allem Mitgefühl
tat er dies auch mit Kalkül,
denn wenn er die Tochter fände,
ihr Martyrium beende,
sollt' der Flussgott ihn bedenken
und ihm eine Quelle schenken,
deren Wasser munter fließe,
sich in seine Burg ergieße.
Dieses sagt' der Flussgott zu
und postwendend und im Nu
forschte Sisyphus im Land,
kombinierte mit Verstand
und kam nach geraumer Frist
detektivisch und mit List
auf die Spur, die zu Zeus führte,
ihn des Raubes überführte,
ihn entblößte, demaskierte,
öffentlich total blamierte!
Das fand Zeus nun gar nicht toll,
gab darauf mit Gram und Groll
die Aigina wieder weg,
ließ sie frei aus dem Versteck,
aber gab sich das Versprechen,
sich an Sisyphus zu rächen:
Deshalb hielt er Strafgericht,
denn Gott Zeus, den reizt man nicht!

5.

Und so kam's, dass Zeus aktiv
einen Helfer zu sich rief.
Thanatos, der Tod, sollt' kommen,
und der hat dies gleich vernommen –
augenblicklich, ohne Weile
kam er hin zu Zeus in Eile,
kniete nieder, demutsvoll,
und erfuhr des Gottes Groll,
den Befehl vor allen Dingen,
Sisyphus schnell wegzubringen
in den Hades, in das Reich
all der Toten, und zwar gleich.
Zeus war dabei mitleidlos,
denn sein Zorn war riesengroß.
Thanatos brach zügig auf
und erreichte kurz darauf
Sisyphus. Der saß am Tisch
wohlgemut und wirkte frisch.
Üblich war, dass es geschah,
wer den Thanatos nur sah,
dass er gleich in Ohnmacht sank,
weil der Tod so grässlich stank
und sein Aussehn schrecklich war,
knochenhaft mit wirrem Haar.
Doch der Sisyphus blieb cool,
bot dem Tod an einen Stuhl,
reichte ihm, das war schon krass,
einen Schnaps in einem Glas:
Einen Ouzo zum Behagen
könnt' der Tod wohl gut vertragen.
Und so schenkte er ihm ein.
Selber trank er nur zum Schein,

machte so den Tod betrunken,
dass der, in sich selbst versunken,
auf den Boden fiel und schlief –
komatös und abgrundtief!
Sisyphus, um sich zu retten,
nahm nun eine seiner Ketten,
fesselte den Tod so fest,
dass der reglos war, gepresst.
Fix behände, gar nicht faul,
stopfte er ihm schnell das Maul,
und sodann und noch viel schneller
brachte er ihn in den Keller,
schleppte ihn in ein Versteck
und so war der Tod nun weg.
Machtlos lag er da im Kerker,
denn die Ketten waren stärker,
niemand brauchte mehr zu sterben:
Ohne Tod gab's kein Verderben!

6.

So geschah es: Viele Jahre
gab es keine Totenbahre.
Niemand starb mehr, litt gar Not,
wie verschwunden war der Tod.
Ewig währte alles Leben,
jeder konnte zeitlos streben,
selbst wer seinen Tod ersehnte,
wer sich lebensmüde wähnte,
musste leben. Denn es fehlte
einer, der den Mensch entseelte.
Das war'n völlig neue Sorgen
und sie blieben nicht verborgen,
denn der Tod im ganzen Land
war für lange Zeit verbannt.
Das fiel auch den Göttern auf.
Niemand starb! Der Lebenslauf
fand auf Erden gar kein Ende.
Ratlos rangen sie die Hände:
Wo war Thanatos denn nur?
Dann fand endlich eine Spur
der Apollon und er stieß
auf den Tod, der im Verlies
fest gekettet liegen musste.
Bald war klar, wer dieses wusste:
Sisyphus. Schon kam die Klage
gegen ihn ganz ohne Frage,
und das Urteil folgte gleich:
Ab mit ihm ins Totenreich.
Thanatos, von Ketten frei,
war wutschnaubend schon dabei,
ihm die Seele zu entreißen,
das zu tun, was ihm geheißen.

Doch bevor nun dies geschah,
kam Merope ihm noch nah,
gab dem König Sisyphus

einen sanften Abschiedskuss.
Dabei bat er sie darum,
listig-klug und gar nicht dumm,
ihn ganz ohne Opfergaben
zu bestatten in zwei Tagen.
Dies tat er mit Hintersinn,
hoffte für sich auf Gewinn,
denn die vielen Opfergaben
wollte Hades gerne haben.
Wenn sie fehlten, kämen Fragen,
ganz bestimmt auch von ihm Klagen.
Und so wäre der Verdruss
eine Chance für Sisyphus.

7.

Die Merope hielt sich dran
und bestattete ihr'n Mann.
Doch das Totenritual
änderte sie dieses Mal,
und so hatte sie verboten
Opfergaben für den Toten.
Gar nichts kam bei Hades an,
grollend blickte er sodann
fand das wirklich unerhört,
war missachtet und empört
und er fluchte laut und kräftig,
räsonierte dabei heftig.
Und auch Sisyphus verstellte
sich geschickt als der Geprellte,
klagte mit und irgendwie
heuchelte er Sympathie
für den Hades, ja, und dann
bot er seine Hilfe an!
Schmeichlerisch und sehr gerissen
ließ er Hades darauf wissen,
für ihn einmal nachzusehen,
in die Oberwelt zu gehen,
bei der Ehre seiner Ahnen
Opfergaben anzumahnen.
Denn der Hades, ungelogen,
wäre ja gemein betrogen!
Dieser hörte das sehr gern,
zu misstrauen lag ihm fern,
und so sorgte er dafür,
führte Sisyphus zur Tür
aus dem finstern Totenreich –
welch ein genialer Streich!

Denn so kam mit großem Glück
Sisyphus noch mal zurück
zu den Menschen in Korinth,
heim zu seiner Frau geschwind.
Und dort herrschte großer Jubel,
Feierstimmung mit viel Trubel –
Sisyphus genoss die Zeit,
frohgemut, mit Heiterkeit,
und er plante nicht, sein Leben
einfach wieder aufzugeben.
Denn für Hades, diesen Gott,
hatte er nichts als nur Spott,
und so war erneut geprellt
Hades in der Unterwelt.

8.

Und schon sollte sich ergeben,
dass der Sisyphus sein Leben
neu gewann. Er blühte auf,
stolz auf seinen Lebenslauf
so, dass er auch mit ihm protzte,
weil er dreist den Göttern trotzte
und sein Schicksal ohne Scham
in die eignen Hände nahm.
Ungeklärt blieb unterdessen:
Hatte Zeus ihn ganz vergessen?
Hatte Hades kein Verlangen,
Sisyphus erneut zu fangen?
Dessen Freveltat zu ahnden,
gnadenlos nach ihm zu fahnden?
Eines Tages war es schließlich,
da entdeckte Zeus verdrießlich,
dass der Sisyphus noch lebte.
Wutentbrannt war er und bebte,
rief den Thanatos und fragte
ihn, warum er so versagte,
denn der Sisyphus war schuldig,
polterte er ungeduldig,
und das Urteil, längst gefällt,
hieß: Ab in die Unterwelt.
So verärgert, wie Zeus war,
machte er dem Tod dann klar,
Sisyphus sofort zu greifen,
ihn ins Totenreich zu schleifen.
Thanatos ging gleich zu Werke
und mit dunkler Macht und Stärke
griff er, ohne lang zu fragen,
Sisyphus an seinem Kragen,
griff die Seele und sogleich

warf er ihn ins Totenreich.
Dort trat Hades in Aktion
und empfing ihn voller Hohn,
hatte sich mit Grimm erneut
auf ein Wiedersehn gefreut,
und das wollt' er sich versüßen:
Sisyphus, der sollte büßen
für die listenreiche Flucht -
der vermaledeite Schuft!
Und der Hades, der gekränkte,
der die Strafe nun verhängte,
gab dem Sisyphus nun vor:
Roll den Marmorstein empor
auf den Hügel steil hinauf!
Dieser tat das kurz darauf.
Doch passierte es vorm Ziel:
Ihm entglitt der Stein und fiel
in die Tiefe. Und von vorn
rollte Sisyphus mit Zorn
diesen Stein, den er so drückte,
ohne dass es jemals glückte,
diesen Stein ans Ziel zu bringen.
Niemals sollt' ihm das gelingen!
Eine Arbeit für die Hände,
aber leider ohne Ende,
sinnlos-leer für alle Zeit,
bis in alle Ewigkeit. –
Bitter ist somit der Schluss
für den dreisten Sisyphus.

Epilog

Dieses Schicksal, das zum Schluss
Sisyphus ertragen muss,
hat Camus einst int'ressiert,
philosophisch inspiriert.
Denn ihn fesselte die Frage
nach dem Lesen dieser Sage:
Müsst' man Sisyphus bedauern
und sein Schicksal gar betrauern?
Oder könnte man sophistisch,
mehr noch existenzialistisch
Sisyphus als glücklich schätzen
und sich freuen, nicht entsetzen,
dass er engagiert agiert,
auch sein Urteil akzeptiert,
dass er in der Unterwelt
offen sich dem Schicksal stellt,
unentwegt nach vorne strebt,
mit Bewusstsein sich erlebt,
mit Beharrlichkeit, mit Kraft,
geradezu mit Leidenschaft
diesen Felsen vorwärts rollt,
nicht einmal mit Hades grollt?
So zu handeln sei modern
hier auf diesem Erdenstern,
sagt Camus und preist daher
Sisyphus und schätzt ihn sehr.
Denn die Welt, so wie sie wurde,
sei doch eine recht absurde,
unerklärbar sei ihr Sinn,
und so gelte immerhin:
In ihr trägt man seine Bürde
unerschütterlich mit Würde.

Beispielhaft zeigt – so der Schluss –
dies Verhalten Sisyphus –
ein brillantes Aperçu
von dem Denker, dem Camus.

Prometheus

Prolog

Prometheus war ein kluger Denker,
ein Philanthrop und weiser Lenker,
der Menschen einst das Feuer brachte
und für sie dauerhaft entfachte.
Er war ein Gott, war ein Titan
und dennoch Gott Zeus untertan.
Denn dieser, lange Zeit war's her,
bekämpfte die Titanen sehr
und schaffte es, sie zu besiegen,
die Gottes-Vorherrschaft zu kriegen.
Prometheus folgte unterdessen
den selbst gesetzten Interessen,
erschuf den Menschen als Figur
mit einer eigenen Statur
und schwor, dem Menschen beizustehen,
sein Schicksal positiv zu drehen,
vor allem ihn vor Zeus zu schützen,
mithin der Menschheit so zu nützen.
Das tat er mutig, listenreich
mit dem an Zeus verübten Streich –
ein Streich, für den er büßen musste,
weil Zeus sich sehr zu rächen wusste
und für ihn eine Strafe wählte,
mit der er ihn unsäglich quälte.
Am Felsen als Gefängnisstätte,
gefesselt mit der Eisenkette,
hing er so schutz- und machtlos da.
Noch schlimmer war, was dann geschah,
denn täglich flog ein Adler an,
fraß von Prometheus' Leber dann.
Die wuchs zwar nach – wie sonderbar –,
weil er als Gott unsterblich war.

Doch war er so für lange Zeit
gefangen, ausgesetzt dem Leid,
misshandelt täglich und geschändet,
bis sich das Blatt zum Guten wendet.
Warum, das fragt man sich zurecht,
erging's Prometheus nur so schlecht?
War diese Strafe angemessen?
fragt sich der Leser unterdessen.
Und warum wurde er befreit,
warum war Zeus dazu bereit,
ihm späte Gnade zu gewähren,
den Freiheitswunsch nicht zu verwehren?
Erzählt wird dies nun detailliert,
weil der Prometheus fasziniert:
Mit seiner Haltung in der Welt
weist er sich aus als großer Held.
Für Fortschritt war er ein Garant,
den er mit Klugheit stets verband.
So steht Prometheus als Figur
für die Entwicklung der Kultur
und gab dem Menschen immerhin
den rationalen Lebenssinn.

1.

Prometheus war dereinst ein Sproß
von dem Titan, dem Japetos.
Der war im Götterreich bekannt
für kluges Handeln mit Verstand.
Das gab er weiter an den Sohn,
und so bekam Prometheus schon
als Erbschaft in der Konsequenz
prädisponiert Intelligenz.
Die nutzte er, um zu verstehen,
wie Wesen kommen und vergehen,
und war hochgradig interessiert
daran, wie Leben funktioniert.
Nach intensivem Studium
war er so weit, begann darum,
aus Ton sich kreativ zu formen
Figuren ganz nach seinen Normen,
die äußerlich und im Gebaren
ein Ebenbild der Götter waren,
und impfte ihnen allgemein
sehr viele Eigenschaften ein.
Die waren gut und auch mal schlecht,
denn nur ein Querschnitt wirkte echt,
und so gestaltet mit Profil
erreicht' Prometheus nun sein Ziel.
Bewundernd sah Pallas Athene
als Göttin diese Schaffensszene,
wie der Prometheus sehr markant
zu der Figur-Gestaltung fand.
Und ohne Zögern blies sie auch
nun in den Ton den Lebenshauch.
So waren Wesen neu geboren,
der Name ‚Mensch' für sie erkoren,

und als Geschenk vom Götterhimmel
erzeugten sie bald ein Gewimmel.
Denn Menschen mehrten sich zuhauf –
so ist nun mal der Weltenlauf.
Doch waren sie noch blind und dumm!
Das sah Prometheus und darum
ließ er zuallererst geschehen,
dass sie mit ihren Augen sehen,
begann dann, sie zu unterrichten,
mit vielem Wissen zu belichten,
Grundlagen etwa vorzugeben,
die wichtig sind fürs ganze Leben,
und ihnen Einblick zu gewähren
in diese Welt und ihre Sphären.
Prometheus blieb nur eins versagt,
weil ihm die Macht fehlt, wie er klagt,
den Menschen Feuersglut zu bringen:
Das könnte Göttern nur gelingen.
Und Zeus, dem obersten von allen,
wollt' der Gedanke nicht gefallen:
Das Feuer sollte ihm gereichen,
nur ihm allein und seinesgleichen.
Doch wurde Zeus nunmehr gewahr
auf Erden diese Völkerschar,
bedachte sich und irgendwann
bot er den Menschen Hilfe an:
Er wär bereit, Schutz zu gewähren,
wenn sie ihm opfern und ihn ehren,
denn inhärent im Gotteskult
sei nun einmal die Opferschuld.
Das sah der Mensch gelehrig ein
und wollte darum folgsam sein.

2.

So war Gott Zeus im ganzen Land
als Herrscher weithin anerkannt,
gab darum vor: Er wolle haben
von jeder Schlachtung Opfergaben.
Die würden quasi dargebracht
als ein Tribut für seine Macht.
Denn ständig über Menschen hüten,
das müsste man ihm auch vergüten.
Für Zeus, den Gott, wär ja zudem
das Schutzversprechen unbequem.
Und so erhielte er dann schon
den zweifellos gerechten Lohn.
Doch kaum war der Beschluss gefasst
in Form der großen Opferlast,
erschien Prometheus hilfsbereit
mit einem Vorschlag blitzgescheit:
Er wolle mal in seinem Leben
Zeus beispielhaft ein Opfer geben.
Das sei für Menschen musterhaft,
was Klarheit für die Zukunft schafft.
Als Prototyp für Opferspenden
sei so sein Handeln zu verwenden,
so klärte er die Menschen auf.
Und wenig später, kurz darauf
griff er gezielt und sehr geschwind
nach einem schlachtbereiten Rind,
zerlegte es dann ohne Eile
gekonnt in seine Einzelteile,
sortierte sich sodann die Stücke
nach einem Plan mit List und Tücke:
Der eine Haufen, eher klein,
enthielt die Fleischportion allein.
Die war indes von Haut bedeckt,

nicht wahrnehmbar und gut versteckt.
Der zweite Haufen, riesengroß,
enthielt die blanken Knochen bloß,
geschickt umhüllt und aufgebaut
mit Eingeweiden, Fett und Haut.
Alsbald schon hatte Zeus gesichtet
die beiden Haufen aufgeschichtet.
Und diese bot Prometheus dann
persönlich ihm zur Auswahl an.
Zeus könne nun allein entscheiden,
sich einen Haufen wähl'n von beiden,
der andere mit seinen Stücken
sollte die Menschen dann beglücken.
Gott Zeus betrachtete die Haufen,
ließ sich bewusst für dumm verkaufen,
vom größ'ren Haufen scheinbar blenden,
den er sich griff mit seinen Händen.
Denn was Prometheus trieb, durchschaute
er längst, als der die Haufen baute.
Doch gab er vor nun beim Entdecken,
getäuscht zu sein und zu erschrecken
und tat entsetzt, als er nun sah,
was ihm da hingegeben war:
Die Täuschung sei brutal und schlimm,
erfülle ihn mit großem Grimm,
so sprach er nun, und voller Zorn
nahm er die Menschen sich aufs Korn,
verbot darum vor allen Dingen,
das Feuer jemals ihn'n zu bringen.
So wär' das Fleisch nicht von Gewinn,
für Menschen nutzlos, ohne Sinn,
und so beschloss er diesen Fall
zuletzt mit Blitz und Donnerhall.

3.

Das war nun für die Menschen schlecht,
zudem Prometheus gar nicht recht.
Auch hatte er sich nicht gedacht,
dass Zeus mit seiner Gottesmacht
die Menschen hemmte und blockierte
und seine Herrschaft demonstrierte.
So heckte aus nach kurzer Frist
Prometheus eine neue List
und fragte sich: Wie könnt's gelingen,
den Menschen Feuersglut zu bringen?
Wie käme er – ganz einerlei,
wie das geschah – an Zeus vorbei,
um hinterrücks, heimlich, verschlagen
die Glut zum Menschen hinzutragen?
Er suchte auf die Gottesnähe,
ging zum Olymp, dass er dort sehe,
wie er die Feuersglut bekäme
und sie verstohlen an sich nähme.
Der Zufall half ihm. Irgendwann
kam Helios himmelsnah heran.
Der kreiste dort in Höhenlagen
herum in seinem Sonnenwagen,
versprühte Funken, glühend heiß
und brandgefährlich, wie man weiß.
Da wähnte sich Prometheus glücklich,
ergriff spontan und augenblicklich
den Riesenfenchel, den er fand,
der auf der Bergeshöhe stand,
und fing damit den Funkenflug
geschickt im Stängel auf und trug
die Feuerfunken unerkannt
und brachte sie in Menschenhand.

Da gab es, wie sich denken lässt,
ein riesengroßes Freudenfest.
Die Menschen waren ausgelassen,
sie konnten kaum ihr Glück erfassen:
Bald loderten schon überall
die Feuer auf dem Erdenball –

und Zeus, der Gott, sah's und erkannte,
wie nun das Feuer weithin brannte
und er von Neuem offenbar
heimtückisch hintergangen war.
Da brach aus ihm der Zorn, die Wut,
von Rachsucht war erfüllt sein Blut,
und Blitze schleudernd tobte er,
warf Donnerkeile hinterher
und ließ, zum Herrschen hingerissen,
die ganze Götterwelt nun wissen,
der Ungehorsam würde führen
zu Folgen, die nun alle spüren:
Die Menschen müssten sich beizeiten
auf große Qualen vorbereiten.
Erst recht Prometheus wär betroffen
und könnte nicht auf Gnade hoffen:
Ihn strafte Zeus besonders schwer,
und ohne Chance auf Gegenwehr
würd' er im Kaukasus gefangen
und seinen Bannstrahl dort empfangen.

4.

Weil Zeus so schwer betrogen ward,
blieb seine Haltung grausam hart,
sich seinen Rachedurst zu stillen.
Und unversöhnlich in dem Willen
zu strafen, rief er sich sodann
Hephaistos, seinen Sohn, heran,
denn der besaß, wie Zeus befand,
den allergrößten Kunstverstand.
Er solle eine Jungfrau formen
aus Ton und nach bestimmten Normen:
im Äußeren ganz unversehrt
bezaubernd schön, begehrenswert.
Doch ihr Charakter, ihr Betragen
sei hinterlistig und verschlagen.
Sie solle skrupellos agieren,
kein Wort des Mitgefühls verlieren.
So schuf Hephaistos haargenau
nach Plan nun die Gestalt der Frau,
erweckte sie danach zum Leben,
um sie der Welt dann hinzugeben.
Pandora wurde sie genannt,
ein Name, der viel Beifall fand.
Zudem gab Zeus ihr einen Krug,
der war verschlossen, und er trug
Krankheit und Laster, alle Übel,
versteckt verfüllt in diesem Kübel.
Jedoch die Hoffnung gab Zeus auch
hinein in des Gefäßes Bauch.
Schon forderte er kurz darauf
den Götterboten Hermes auf,
sie zu geleiten augenblicklich
zu Epimetheus. Der war glücklich,
als er die schöne Frau empfing,

der gleich an ihren Lippen hing.
Prometheus' Bruder, der Titan,
erlag sofort Pandora's Charme,
war wie gebannt, elektrisiert,
von dieser Schönen fasziniert
und öffnete ihr alle Türen,
ließ sich sofort von ihr verführen.
Die hielt entgegen ungelenk
ihm zur Begrüßung ein Geschenk,
den Krug, der einer Büchse gleicht,
und den sie lächelnd überreicht,
fast demutsvoll in der Aktion. –
Doch wenig später nahm sie schon
die Büchse an sich und spontan
ward sie von ihr gleich aufgetan,
indem sie ihren Deckel hob.
Kaum war's geschehen, ja, da stob
und zischte es mit großer Macht,
als wäre ein Orkan entfacht.
Und gleichsam wie ein Wirbelwind
verschwanden in der Luft geschwind
geheimnisvoll durch Dach und Schächte
die vielen unsichtbaren Mächte:
der Stolz, der Neid, die Völlerei,
der Geiz, die Wollust war'n dabei,
auch Zorn und Unbeständigkeit
war'n aus der Büchse nun befreit.
Sie konnten wirken, still verborgen,
im Menschen nun für Kummer sorgen.
Und Epimetheus war verwirrt,
was alles aus der Dose schwirrt.
Doch die Pandora schlug im Nu
blitzschnell die Büchse wieder zu.
Denn so blieb eine Macht zurück:

die Hoffnung. Sie blieb ohne Glück
und konnte so nicht mehr entweichen
und ihre Freiheit noch erreichen.
So herrschten Krankheit, Laster nur
als eine Geißel und Tortur
für alle Menschen. Und hienieden
verloren sie den inn'ren Frieden,
weil alles Übel dieser Welt
seit dieser Zeit sie nun befällt –
ein Werk, das dem Gott Zeus gefiel
als seiner Rache erstes Ziel.

5.

Nun blieb Gott Zeus auf seiner Spur
nach seinem lauten Racheschwur,
der erste Akt war nun vollzogen.
Noch schwerer traf es ungelogen
Prometheus, dessen Hinterlist
ein Gott wie Zeus niemals vergisst.
Und grausam ging der nun zu Werke
als Zeichen seiner Gottesstärke.
Hephaistos rief er, von ihm hätte
er gerne eine Eisenkette,
doch so geschmiedet, dass sie nicht
entzwei geht oder jemals bricht.
Dann schickte Zeus die Knechte weg
mit dem Befehl und zu dem Zweck,
Prometheus möglichst schnell zu greifen,
ihn in den Kaukasus zu schleifen.
Dort schmiedeten zwei Diener dann
Prometheus an den Felsen an,
was beiden schließlich nur gelang
durch Einsatz von Gewalt und Zwang.
Da hing Prometheus, angekettet
und ohne Chance, dass man ihn rettet,
so Jahr um Jahr und ewig lang
und ohne Speise, ohne Trank.
Der Abgrund unter ihm war schaurig
und seine Lage trostlos traurig.
Doch war die Strafe, die Zeus wählte,
besonders schlimm, denn täglich quälte
ein Adler ihn, den Zeus ihm schickte,
damit der an der Leber pickte
und an ihr fraß, um sich zu weiden –
wie musste da Prometheus leiden!
Zwar wuchs die Leber, angefacht

vom Fraß, erneut in jeder Nacht,
denn Götter sind nun mal unsterblich,
das ist bei allen so und erblich!
Doch jeden Morgen flog heran
der Adler und die Qual begann –
unsäglich war'n Prometheus' Schmerzen.
Wie schrie er da aus vollem Herzen!
Ein Schrei, der durch die Berge schallte,
doch letztlich folgenlos verhallte.
Denn Zeus blieb hart und ungerührt,
kein Mitleid, das er da verspürt,
und stärker, als man je gedacht,
bewies Zeus seine Gottesmacht,
die er der Menschheit demonstrierte,
damit sie furchtsam, brav parierte.

6.

Prometheus hatte keine Wahl,
erlitt tagtäglich größte Qual,
denn Zeus hielt fest an dem Versprechen,
sich konsequent an ihm zu rächen.
So nützten Bitten nichts und Flehen,
es möge Gnade ihm geschehen –
und auch sein Klagen und sein Schreien,
Zeus möge großmütig verzeihen,
sie halfen nicht, verhallten nur,
beendeten nicht die Tortur:
Zeus blieb sich treu in seiner Art,
war grausam, unerbittlich hart.
Und während so die Zeit verrann,
da dauerte die Strafe an,
sie währte ewig und darum
glich sie einem Martyrium.
Doch eines Tages sollt's geschehen
und sich sein Schicksal noch mal drehen.
Denn Herakles zog durch die Welt,
ein Sohn von Zeus und großer Held,
kam in den Kaukasus und sah
die Grausamkeit, die da geschah,
den Adler, der den Schnabel wetzte,
Prometheus täglich schwer verletzte.
Im Angesicht von so viel Schmerz
zerfloss vor Mitgefühl sein Herz
und Herakles griff seinen Bogen,
schon hatte er den Pfeil gezogen
und nahm den Adler sich zum Ziel,
traf ihn, so dass der tödlich fiel.
So konnte er Prometheus' Pein
beenden und ihn auch befrei'n,

die Ketten von den Haken, Ösen
mit schnellem Griff kunstfertig lösen,
vom Felsen ihn herunterheben
und ihm die Freiheit endlich geben.
Wie war Prometheus, der Titan,
dem Retter herzlich zugetan,
nahm Herakles dann sehr bewusst
vor Dankbarkeit an seine Brust.
Zwar war er schwach und ausgezehrt,
doch wie durch Wunder unversehrt.
Zuletzt bat Herakles darum –
und dieser Vorschlag war nicht dumm! –
Prometheus möge ohne Klagen
ein Stück vom Felsen an sich tragen
mit Kettenglied am Handgelenk,
der schweren Strafe eingedenk.
So hätt' Prometheus dann zum Schluss
an sich ein Stück vom Kaukasus,
das er beständig bei sich trüge
als eine Täuschung, eine Lüge,
er sei noch immer sozusagen
fest an dem Felsen angeschlagen.
Ein Trick war das, zudem geschickt,
mit Blick auf Zeus auch sehr geglückt,
denn öffentlich verlor der nicht
an Anseh'n oder sein Gesicht.
Im Gegenteil, stolz war er
auf Herakles: Wie klug war der!
Besonnen handelnd, voller Mut,
das alles fand Gott Zeus sehr gut.
Und auch in der Diplomatie
war Herakles wohl ein Genie!
Zuletzt war Zeus vom langen Strafen
auch müde, wollte nur noch schlafen

und sich auf dem Olymp ausruh'n,
sich mal relaxen und nichts tun
und schleuderte von seinem Sitz
darauf noch einen letzten Blitz –
und so von Zeus nun mitentschieden
gab es den lang ersehnten Frieden.

Epilog

Als mythologische Figur
durchwirkt Prometheus die Kultur,
erstmals von Hesiod belichtet,
indem er diesen Held bedichtet.
So war er durch Jahrhunderte
ein Gott, den man bewunderte,
ein Schöpfer, der den Mensch erregte,
ihn immer wieder neu bewegte,
sein Schicksal, die erlitt'nen Qualen
genau zu schildern, auszumalen –
ein Stimulator irgendwie
und Quelle für die Fantasie,
so bei den Griechen, Römern, Christen,
den Philosophen, den Sophisten.
Prometheus gab im Zeitenlauf
den Menschen immer Rätsel auf:
Er wurde kontrovers betrachtet,
mal mehr, mal weniger geachtet.
Als Fixpunkt blieb er ein Symbol
und wirkte wie ein Gegenpol
zu Kräften, die nur konservieren,
für Fortschritt sich nicht int'ressieren.
So wurde er, Goethe sei Dank,
Protagonist für Sturm und Drang,
vom Dichterfürst so hymnenhaft
beschrieben voller Leidenschaft,
der Zeus die Stirn bot, ihn verhöhnte,
mit Worten machtvoll niedertönte
als Vorbild für den Widerstand,
für ungebremsten Freiheitsdrang.
Gleichwohl war er in jüngster Zeit
auch gegen Missbrauch nicht gefeit,

war von den NS-Ideologen
zu ihrem eig'nen Zweck verbogen.
So wirkt Prometheus durch die Zeit,
nimmt Einfluss auf die Wirklichkeit
und ist noch heut' in der Statur
für Menschen eine Leitfigur.